Monika Rothenaicher

WEIHNACHTS-YOGA

Entspannt durch den Advent

arsEdition

Der Weihnachtsmann hat ein Problem: Weil er das gesetzlich erlaubte Höchstgewicht zum Führen von Weihnachtsschlitten überschritten hat, droht die Bescherung dieses Jahr auszufallen. Um wieder fahrtüchtig zu sein, muss er etwas für seine Figur tun! Ein Yoga-Kurs soll für eine schlanke Linie sorgen – und für mehr Gelassenheit im alljährlichen Weihnachtsstress.

Zum Glück ist er nicht allein: Herr Zwerg, sein treuer Begleiter beim Verteilen der Geschenke, will sich ebenfalls auf die Yoga-Matte wagen. Darüber freut sich vor allem Frau Zwerg. Die fühlt sich nämlich nicht nur durch die anhaltend schlechte Laune ihres Mannes gestört, sondern auch durch seinen stetig wachsenden Bauchumfang, der äußerst ungünstige Auswirkungen auf sein nächtliches Schnarchverhalten hat.

Damit die Bescherung dieses Jahr nicht ins Wasser fällt, wird der beste und entspannteste Yoga-Lehrer engagiert, der in der Kürze der Zeit zu finden war: Rentier Rudi wird eigens für diesen hochweihnachtlichen Auftrag aus Lappland eingeflogen. Um seine beiden ungewöhnlichen Kursteilnehmer bei Laune zu halten, hat er sich ein paar ganz besondere Übungen einfallen lassen ...

1. Übung
Die Geschenk-
schleife

2. Übung
Der Stern von Betlehem

3. Übung
Das Vanillekipferl

4. Übung
Die Christbaum-
kugel

5. Übung
Die Adventskerze

6. Übung
Das Weihnachts-
liederbuch

7. Übung

Der König aus dem Morgenland

8. Übung
Die Weihnachtssocke

9. Übung
Die Weihnachts-
gans

PAUSE

10. Übung
Die Zipfelmütze

11. Übung
Die schiefe Nordmanntanne

12. Übung
Der Adventskranz

13. Übung

Der Nussknacker

14. Übung
Die Krippe

15. Übung
Der Ochse

16. Übung
Der Esel

17. Übung
Das Christkind

18. Übung
Der Wunschzettel

19. Übung
Der schwebende Weihnachtsengel

1. Die Geschenkschleife
Bhujapidasana
Das Schulterdruck-Gleichgewicht

2. Der Stern von Bethlehem
Natarajasana
Der Tänzer

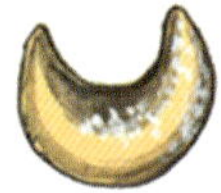

3. Das Vanillekipferl
Salamba Bhujangasana
Die Sphinx

4. Die Christbaumkugel
Dhanurasana
Der Bogen

5. Die Adventskerze
Salamba Sarvangasana
Der gestützte Schulterstand

6. Das Weihnachtsliederbuch
Paschimottanasana
Die Zange

7. Der König aus dem Morgenland
Vrikshasana
Der Baum

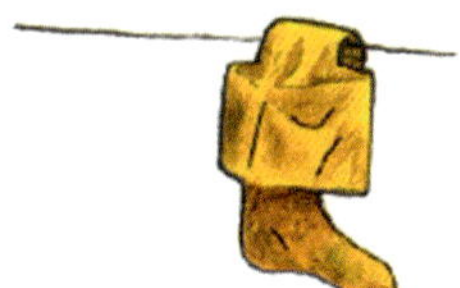

8. Die Weihnachtssocke
Vrischikasana
Der Skorpion

9. Die Weihnachtsg
Balasana
Die Stellung des Kindes

10. Die Zipfelmütze
Adho Mukha Svanasana
Der herabschauende Hund

11. Die schiefe Nordmanntanne
Trikonasana
Das Dreieck

12. Der Adventskranz
Urdhva Dhanurasana
Das Rad

13. Der Nussknacker
Die schiefe Ebene

14. Die Krippe
Bhekasana
Der Frosch

15. Der Ochse
Majariasana
Die Katze

16. Der Esel
Utthita Majariasana
Die diagonale Katze

17. Das Christkind
Ananda Balasana
Glückliche-Kind-Haltung

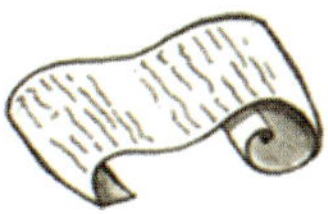

18. Der Wunschzettel
Setu Bandhasana
Die Brücke

19. Der schwebende Weihnachtsengel
Eka Pada Rajakapotasana
Die Königstaube

Text, Illustration und Gestaltung:
Monika Rothenaicher

Printed by Tien Wah Press
ISBN 978-3-7607-6817-5
4. Auflage

www.arsedition.de

FSC
www.fsc.org
MIX
Papier aus verantwortungsvollen Quellen
FSC® C012700